O ENIGMA DO BOM DIA

Olga Almeida

O ENIGMA DO BOM DIA

Cobogó

SUMÁRIO

Desafiar a leitura habitual dos fatos,
por Diogo Liberano   7

O ENIGMA DO BOM DIA   15

De que se precisa para construir uma dramaturgia?,
por Olga Almeida   61

Desafiar a leitura habitual dos fatos

Era quase fim de março de 2017, quando no segundo encontro da terceira turma do Núcleo de Dramaturgia SESI Rio de Janeiro a autora Olga Almeida sentiu-se à vontade para ler um poema que havia brotado a partir do primeiro encontro com aquele novo coletivo de artistas. Não me recordo de nenhum verso lido por ela, mas o título do poema eu guardei comigo: *Cenário de uma poesia*.

Hoje percebo que Olga, já no início das atividades do Núcleo em 2017, nos presenteava com um título ainda carente de preenchimento e que o recheio para essas quatro palavras — *Cenário de uma poesia* — viria através do caminho percorrido, das experiências vividas e trocadas. E assim foi: este projeto, o Núcleo de Dramaturgia SESI Rio de Janeiro, sem dúvida alguma, tornou-se um espaço muito propício para fazer poesia brotar, posto seja um espaço amigo da diferença em sua plural singularidade.

O enigma do bom dia é a dramaturgia final composta por Olga após dez meses — de março a dezembro de 2017 — em que nos encontramos uma vez por semana para estudar e criar dramaturgias junto a uma turma composta por 15 autoras-autores. Mais que isso: *O enigma* é a afirmação de um modo específico desenvolvido e aprimorado pela autora para dar a ver, por meio de palavras, imagens e sensações, um olhar propositivo aos dilemas e desafios do mundo contemporâneo.

Em sua fábula, arrisco dizer, há apenas uma situação: a do convívio. Uma família — composta por Rosa (mãe), Marcelo (filho), Maíra (filha) e Helena (avó) — às voltas com as belezas e agruras que é isso de estar em família, que é isso de ser um, mas sempre rodeado por outros. Porém, quando afirmo haver apenas uma situação — esse quadro familiar, essa imagem quase estática — é porque isso me chega como intenção da própria dramaturgia: apresentar uma situação única que está ali justamente para ser vista e revista, feita e refeita a cada quadro pintado por sua autora.

Dramaturgia em quadros, desinteressada em fechar um percurso, desinteressada em chegar num grande clímax, dramaturgia indisposta com um encadeamento linear e causal de cada ação que apresenta: dramaturgia feito um quebra-cabeça, um jogo que nos convida a com ele brincar. Eis um enigma e, para fruí-lo, suponho que seja preciso se demorar nos pedaços e em seus traços, é necessário ter escuta afinada e paciência porque aquilo que se revela — independente do todo que virá (ou não) — ocorre mesmo assim, pois age em intensidade.

Ao ler o texto de Olga, me pergunto: como essa dramaturgia fica de pé? Como se sustenta? Especulo respostas: talvez porque apresente situações familiares nas quais me vejo e revejo; talvez porque seus personagens nos cativem por conta de suas singularidades; ou simplesmente — e isso não é pouco — porque há poesia entremeando o que pode haver de mais cotidiano:

ROSA: Maíra, você não quer dizer bom dia pra mim?
MAÍRA: Não vê que o bom dia dela não chega?
MARCELO: Ela tem que ter uma voz...

Maíra é uma menina, filha de Rosa, irmã de Marcelo e neta de Helena. Enquanto personagem dessa trama, Maíra é também um traço poético que desafia a nossa leitura habitual e acostumada dos fatos. É ela quem faz brotar a pergunta indevida, quem desafia o que foi tornado familiar e nos faz abrir outras possibilidades sobre o já conhecido. Enquanto uma existência declaradamente poética, Maíra é também um modo distinto — encontrado pela autora — para nos ensinar novamente a conversar com a vida que nos atravessa.

Como saldo final das atividades da terceira turma (2017) do Núcleo de Dramaturgia SESI Rio de Janeiro, cada autora e autor deveriam compor uma dramaturgia. Foi a partir de agosto de 2017 que começamos a direcionar nossos esforços e estudos rumo a essas composições finais. Num primeiro momento, realizei encontros individuais com cada autor(a) visando conversar sobre intuições criativas, trocar referências e planejar o texto que viria. Na sequência, após receber e ler uma primeira versão de cada texto, devolvi a cada autor(a) um arquivo de áudio no qual constava a minha leitura comentada de sua dramaturgia em processo e desafios para a sua "finalização".

A investigação de Olga foi caminhando rumo a um vasto universo que, de maneira comum e acostumada, reconhecemos ser uma patologia: o autismo. Ainda que o autismo pudesse ter surgido inicialmente como um "tema" ou "assunto" que originaria a escrita de Olga, o que parece ter acontecido foi justamente um mergulho que atravessou nomes e sentidos fixos. Olga imergiu em estudos e relatos sobre o "tema" e, por extensão, sua dramaturgia brotou enquanto uma resposta específica a tal universo: com *O enigma do bom dia* experimentamos outras maneiras para ler e escrever as relações inter-humanas e familiares justamente porque a autora experimentou maneiras outras para brincar com o assunto de sua criação e, sobretudo, para jogar com a própria linguagem.

Ressalto este aspecto porque essa foi e continua sendo uma das principais investidas do Núcleo de Dramaturgia SESI, a saber, como investir na diversidade de modos de criação das autoras e dos autores que compõem as turmas do Núcleo a cada ano. Pois se o Núcleo é um projeto de formação dedicado a pessoas interessadas na escrita para teatro, como determinar de antemão o que é a escrita para teatro? Há um modelo de como deve ser o texto teatral? Ou ainda podemos inventar outros modos para compor dramaturgia?

Para esse desafio, o estudo e a pesquisa são determinantes. Nem bem e somente estudo de dramaturgias já escritas ao longo dos séculos, mas, sobretudo, investigações filosóficas, olhares presentes sobre o mundo presente, perguntas nascidas nos corpos e mentes que estão ali, semanalmente em sala de trabalho. Penso, dessa forma, que a dramaturgia que virá diz respeito ao processo de sua criação. Ou, nas palavras de Olga, através do personagem Marcelo, "Não existe uma peça sem que antes não se tenha 'vivido' nela."

Onde, então, no corpo textual, encontro o corpo de sua autora? A fábula composta por Olga, mais do que apresentar um drama familiar, sugere também um modo outro para contar uma história. Criação e produção enredadas: a poesia é o conteúdo do texto de Olga e também a maneira, o modo pelo qual o acontecimento dramático se apresenta ao leitor. Olga se faz de Maíra e, na posição de sua personagem inventada, lê e sente o mundo de uma forma outra que não apenas aquela reconhecida como "normal". Maíra é o olhar da poetisa Olga e também os olhos enigmáticos de sua poesia: elas nos ensinam a enxergar além do visível.

Não me parece pouco defender a poesia em épocas tão indispostas à leitura e à interpretação cautelosa dos fatos. Imersos em um regime pós-ético e da pós-verdade tal como estamos, saber durar algum tempo frente a uma narrativa é um gesto não apenas revolucionário, mas precisamente urgente. Retomo, assim, uma longa discussão que permeou nossos encontros em 2017: dramaturgia serve para quê? Apenas para apresentar a realidade tal como já a vemos e vivemos? Ou poderia também modificá-la? Ou seja: o gesto de um autor, de uma autora, poderia instaurar alguma diferença na dita realidade? Poderia, de fato, ao menos no papel e através das palavras escritas, propor outro mundo possível, outros possíveis?

Sem dúvida *O enigma do bom dia* é um gesto afirmativo nessa direção. De acordo com Jean-Pierre Sarrazac, leio a criação de Olga como uma "maneira de escapar ao esmagamento inelutável do homem contemporâneo", ou seja, como um modo oferecido ao leitor para "refazer sua vida de maneiras múltiplas".* A transformação não diz respeito apenas aos percalços e situações que vivem os personagens da trama, mas também ao nosso modo de ler e receber a dramaturgia. Ela nos modifica ao nos pegar pelas mãos e nos guiar por um caminho revelador e renovador, provando que se a linguagem está sempre em fazimento e desfazimento, também assim a vida pode estar: sempre se questionando e se reescrevendo.

Percebo, na dramaturgia de Olga, uma infestação da palavra "corpo". É intrigante, penso, um punhado de palavras no papel destinando tarefas ao "corpo". Que corpo é esse? Somente o dos personagens ou também o corpo de quem lê? Por se tratar de uma trama extremamente poética, ou seja, propositora de leituras que não cessam num primeiro e mais imediato sentido encontrado, a palavra de Olga escorre para além do texto escrito e cria corpos outros que não apenas o do sentido. Poderia afirmar que é uma dramaturgia cheia de sensíveis, mais do que de sentidos. Olga pinta sensíveis, no plural mesmo, a despeito de ter que fechar certezas e definições sobre a trama que apresenta, ela convida o leitor a encontrar palavras e sentidos através das imagens e sensações que desenha.

Como coordenador do Núcleo de Dramaturgia SESI Rio de Janeiro, é de extrema importância registrar a minha profunda alegria em ter a Editora Cobogó como parceira na publicação de três dramaturgias criadas por autoras e autores de nossa terceira turma: além de Olga e seu *Enigma*, também são publicadas as dramaturgias *Escuta!*, de Francisco Ohana, e *ROSE*, de Cecilia Ripoll.

---

* SARRAZAC, Jean-Pierre. *Léxico do drama moderno e contemporâneo*. São Paulo: Cosac Naify, 2012, p. 149.

Às autoras e aos autores que integraram a terceira turma do Núcleo — Antonio de Medeiros, Cecilia Ripoll, Daniel Chagas, Diego Dias, Francisco Marden, Francisco Ohana, Jean Pessoa, Livs Ataíde, Luiza Goulart, Marcela Andrade, Matheus de Cerqueira, Olga Almeida, Rosane Bardanachvili e Suellen Casticini —, o meu profundo agradecimento por todo o aprendizado e troca que vivemos juntos.

Diogo Liberano
Coordenador do Núcleo de
Dramaturgia SESI Rio de Janeiro

O ENIGMA DO BOM DIA

de **Olga Almeida**

PERSONAGENS

HELENA

ROSA

MARCELO

MAÍRA

Nota da Autora: A dramaturgia — composta por quatro personagens — sugere um jogo cênico para apenas três atrizes-atores, de forma que o personagem da Avó (Helena) possa ser "incorporado" por um ator ou uma atriz sempre que este/esta colocar os óculos, objeto da falecida Avó. A personagem Maíra fala em pensamento, mas pode ser ouvida. Entre as cenas, sugere-se uma imagem que fica suspensa por um tempo, como uma espécie de quadro (ou escultura passadiça).

*Som da campainha do teatro anunciando o início do espe-
táculo. Abrem-se as cortinas. Palco escuro. Há um foco de
luz sobre Maíra, que está dentro de uma pirâmide (estrutura
metálica vazada em forma de pirâmide). Ela está sentada
no chão, seu corpo está encolhido e suas mãos tapam os
ouvidos.*

1. PIRÂMIDE EM DIAS

MAÍRA: Desliga isso, POR FAVOR! Não suporto ouvir essa
campainha... [*apaga-se o foco de luz*]

*Manhã de domingo. Maíra, sua mãe e seu irmão estão em
casa. Eles acabaram de acordar e estão se preparando para
tomar o café da manhã. A janela está aberta e pode-se ver
um jardim com flores. Há também uma luz inebriante...*

MARCELO: Bom dia, família. Maíra, mamãe... Olha! Uma
esperança! Acabou de entrar pela janela!

ROSA/AVÓ: É sorte! E parece que gostou de você, Maíra.
Bom começar o dia assim, né?

ROSA: Sei... Esperança... Filho, ontem nem vi você chegar. Fui dormir, passava de uma da manhã.

MARCELO: Na verdade, cheguei às três. E quase não dormi mesmo. Ontem foi incrível, sabe?

MAÍRA: O que é um bom dia?

ROSA: Quando é que você vai tomar jeito, hein?

MAÍRA: Alguém me ouviu?

ROSA: Essa vida que você está levando... Chega de sonho, Marcelo!

MARCELO: Mamãe, todo dia é a mesma ladainha... Você não vê que eu já escolhi o que quero fazer? Estou feliz com meu trabalho! Fica tranquila e vê se para com esse papo. É pura perda de tempo.

ROSA: Maíra, você não quer dizer bom-dia pra mim?

MAÍRA: Não vê que o bom dia dela não chega?

MARCELO: Ela tem que ter uma voz...

MAÍRA/AVÓ: Hoje é domingo! Já viram que dia está fazendo lá fora? Vamos nos movimentar, seus preguiçosos! O bolo já está quase pronto... Também fiz um pãozinho de passas pra você, Maíra, viu? A vovó sabe bem do que você gosta. Você sabe... Eu adivinho pensamentos... [*ar de cumplicidade*]

MARCELO: Por que ainda não descobrimos um jeito de trazê-la pra nós?

Maíra e Marcelo estão sentados no sofá. Rosa está limpando a casa.

MAÍRA: Meu dedo ficou preso na porta. Não doeu, mas ficou azul.

MARCELO: Foi você que fechou a porta?

ROSA: Eu? Não tenho a chave.

MARCELO: Meu personagem fica melhor quando posso vê-lo mais de perto.

MAÍRA: Há uma mancha vermelha neste livro com páginas escritas numa língua estrangeira. Alguém pode traduzi-lo?

MARCELO: Aquele dia também era domingo... E a vovó acordou... Cantarolando? Devia estar feliz. Era música mesmo?

ROSA: Depois que terminar de passar o aspirador, vou fazer um lanchinho pra vocês.

MARCELO: Naquele dia o aspirador também estava ligado...

Maíra coloca as mãos nos ouvidos para se proteger do barulho.

MAÍRA: Choveram rosas vermelhas nos olhos dela... Bati? Não bati? Quem foi que sufoquei naquele dia? [*mãos apertando o próprio pescoço*]

MARCELO: Era música? Grito? Do lugar onde eu estava não dava pra saber. De onde é que vinha o sofrimento daquele domingo?

ROSA: Não se aproxime, senão eu grito!

MAÍRA: Havia flores em cima da vovó. Pareciam de plástico. A vovó também parecia de plástico.

MARCELO: Todos parecíamos de plástico naquele dia. Todos!

ROSA: A mochila da Maíra está aberta. Outra vez... Alguém abriu e jogou tudo no chão! Isso não se faz! A professora não viu isso? Que escola é essa? Ficam ridicularizando a menina, coitada. Vou resolver isso. Ah, se vou!

MARCELO: Que cheiro é esse? Será que a mamãe queimou a comida novamente?

ROSA: Nossa, tem gente que não sabe usar perfume.

MAÍRA: As fezes estavam bordadas em minhas pernas.

MARCELO: É o cheiro da vergonha.

MAÍRA: Já molhei os lençóis. Agora vou molhar as flores.

MARCELO: Hoje sonhei com você. Estávamos num barco e pulamos no mar! Nossos corpos estavam tão leves. E havia um sorriso bonito no seu rosto. Estávamos olhando as coisas do fundo. E minúsculos seres deslizavam sobre nossas cabeças. Havia paz.

ROSA: Também estou precisando... De paz... Ando sem ânimo. Tenho que cuidar de tudo, sempre! E você quase nunca está em casa.

MAÍRA: Ela está sempre em casa, mas não sabe ajudar.

ROSA: Onde estão os óculos da vovó? Esqueci em algum lugar. Será que foi na casa da Vera? Foi uma correria pra sair. Pior se eu tiver esquecido no táxi. Ou será que ficou na mochila da Maíra?

ROSA/AVÓ: A Maíra está gostando tanto do palco. Ninguém vai conseguir tirá-la daqui. Parece uma bailarina. Que linda essa minha neta, e como dança bem!

Maíra está rodopiando no palco e tem talheres estilizados em tamanhos variados nas mãos.

ROSA: A Maíra jogou os talheres no chão, novamente. Vamos ter que arrumar tudo.

Maíra começa a organizar os talheres em forma de um leque.

MARCELO: Ah! Já está bem-arrumadinho. Eu diria...

ROSA: É, fica parecendo um leque mesmo.

MARCELO: Bom, tá na minha hora. Preciso correr pra não chegar atrasado.

ROSA: Não entendo por que esse teatro não tem um ar-condicionado decente. Hoje em dia isso é básico! Está todo mundo suando em bicas.

Maíra, Marcelo e Rosa estão diante de um quebra-cabeça em tamanho real. Algumas peças já foram encaixadas. Eles vão encaixando as demais e, por fim, se encaixam nos seus lugares, como parte das peças que faltavam. Maíra tem dificuldade de se encaixar nos espaços disponíveis. Não há palavras, só movimento e música.

2. QUEBRA-CABEÇAS

MARCELO: Comecei com cem peças. Agora já monto quebra-cabeças com mais de 5 mil. Só não posso me esquecer de trancar a porta do quarto. Uma vez, eu estava terminando de montar um, aí veio a Maíra, deu um soco na mesa e jogou tudo pro alto.

MAÍRA: E se ando ao contrário... Puxe-me pra baixo...

MARCELO: Naquele dia bati na Maíra.

ROSA: Roupas coloridas? Não. Prefiro roupas mais sóbrias pra Maíra. Brancas, cinzas ou beges. Acho que ela gosta. São mais calmas.

MARCELO: Ainda não tem palavras na sua boca, mas tem alguma poesia. Posso sentir...

MAÍRA: Solto essas palavras
Refletidas em cena aberta
Palavras que estão presas aqui dentro
Num corpo sem fio... Frio
Numa vida sem elo...

Pois não sei dizer bom dia...

Não sei se estou chorando...
Não sei do que é feito um sonho...
Não sei o que se passa entre pais e filhos
Entre amigos, entre irmãos...
Não faço ideia de quem são...

Está vendo como estou?

Não sei se estou direita ou esquerda
Apenas estou... Em casa amarelada
E em preciso silêncio...
Também tens meu abraço
Que não abraça...

A verdade é que não sei...
Não sei ficar sem ser pedra
Não sei dizer até breve leve...

E aqui apenas continuo
Dentro de uma sólida rocha
Em imenso e dolorido espectro
Aqui a luz não chegou ainda...

E por onde anda meu corpo, minha mulher, o corpo dela?

Por onde anda a dor que dói sem dor?
E agora tenho essa esperança, aqui, minúscula...
É inseto verde...
E acabou de pousar no meu ombro
Um pouco antes de se abrirem as cortinas...

A família unida, se tocando. Mãos em apoio... Maíra está incomodada.

3. SONHOS EM FAMÍLIA

MARCELO: Somos uma família, sim. Mas penso que a Maíra nem sabe disso. Não compreende por que existimos em sua vida, por que moramos na mesma casa e, provavelmente, ela nunca vai compreender essa relação. Ou vai?

MAÍRA: Vovó, o sonho acabou?

MARCELO: Vovó sempre teve esperança que um dia a Maíra ficaria bem. Nunca desistiu de um sonho.

ROSA/AVÓ: Não, minha querida, claro que não!

MAÍRA: Não estou achando os sonhos da Maíra.

ROSA/AVÓ: Ah... É que a vovó guardou pra você.

MAÍRA: Pra não acabar?

ROSA/AVÓ: Você conhece seu irmão.

MARCELO: [*terminando de comer um sonho*] Acabou. Mas não chorei nem senti sua falta. Não sinto até hoje. Ele vivia bebendo. Em mim nunca bateu, mas vivia batendo na Maíra e até na mamãe. Um dia ele foi embora, e nunca mais voltou.

ROSA: [*também está comendo um sonho*] Aquele traste... Não gostava da filha, nem um pouco. Não gostava de ninguém!

MARCELO: Até uns dois anos, a Maíra era alegre como devem ser as crianças, e eu gostava de brincar com ela. Mas de uma hora pra outra tudo mudou. Sei lá, ela meio que sumiu desse mundo. Estava aqui, mas também não estava. Entende? Pois é, no fundo eu também não.

ROSA: É bem difícil compreender. Não há abraços...

MARCELO: A vovó é que sempre soube lidar com a Maíra, parecia mágica. Ela entendia. Como se pudesse ler seus pensamentos, ouvir sua voz... Como se estivesse dentro dela. A Maíra sente falta da vovó. Eu também.

ROSA: Temos que esquecer.

MARCELO: Sim, melhor não pensar mais nisso.

ROSA: [*senta-se no sofá*] Você se lembra daquele dia que a Maíra jogou uma cadeira pela janela? Nós morávamos no quinto andar. Por sorte não caiu na cabeça de ninguém. Eu é que quase morri de susto.

MARCELO: Com o passar do tempo, a Maíra não melhorou como imaginávamos. E, aos poucos, a vida da mamãe passou a ser a vida da Maíra. Eram 24 horas de atenção, cuidados... Escolas, terapias, alimentação, higiene pessoal, tudo! Ela não reclamava, mas agora, acho que está esgotada e um pouco sem paciência também. Preciso ajudar mais, só que ainda não sei como fazer isso. Como ajudar mais?

ROSA: Você tem sua vida...

MARCELO: Só que o tempo está passando... E Maíra continua sujando as paredes com fezes, por exemplo.

ROSA: Mas às vezes ela usa o vaso! E isso me faz tão feliz! [*sorri*] Ela usar o vaso sanitário. Uma bênção, meu filho! Um progresso. Uma conquista!

MARCELO: Até que ela faz uns desenhos maneiros com cocô na parede.

ROSA: Sinto o cheiro de sua dor.

MARCELO: A vovó faz falta, né? Ela ajudava muito. Quando você ia trabalhar, era a vovó que tomava conta da Maíra, que levava ela na escola, na terapia... Lembro que uma vez, a Maíra jogou uma jarra de vidro na minha cabeça, e foi a vovó que me levou pro hospital. Eu precisei levar sete pontos! Naquele dia, eu odiei a Maíra com todas as minhas forças e a fatalidade de ter uma irmã estranha que cheirava a cocô o tempo todo.

MAÍRA/AVÓ: Só precisamos de um pouco de calma, um pouco de tempo pra que tudo se acomode. Ela pinta coisas lindas nas paredes e sabe tocar piano!

MARCELO: Ela melhorou em alguns aspectos, mas em outros, não progrediu muito. Quando éramos crianças, eu costumava me perguntar: "Por que a Maíra tinha que nascer assim? Por que ela tinha que ser justamente minha irmã?" Ah! Havia outra pergunta sem resposta: "Por que ela sequestrou minha mãe dela mesma e também de mim?"

Uma impossibilidade está em toda parte... Maíra está dentro da pirâmide. Rosa e Marcelo tentam tocá-la, pelo lado de fora. Maíra está imóvel, de cabeça baixa. Eles não conseguem chegar até ela.

4. SALVEM A MAÍRA!

MARCELO: [*lpega um livro e lê uma poesia*]
Preciso de um silêncio...

Maíra olhava para o nada dentro da pirâmide, enquanto Rosa estava diante da TV e Marcelo se preparava para sair.

MAÍRA: Ela passa boa parte do dia sentada no sofá. Acho que é dali que costuma assistir ao drama de sua vida.

ROSA: Nem pensar. Obrigada pelo convite, mas não. Você sabe que não gosto de sair aos domingos. Já não basta durante a semana que vivo na rua. Mercado, banco, terapia... Chega!

MARCELO: Gostaria que fosse me ver, um dia...

ROSA: Você vive inventando história, pessoas, coisas que não existem. Às vezes, acho que esse seu trabalho parece muito com o mundo esquisito da Maíra.

MARCELO: Sim! E por que não? Afinal, o que descartamos vira poesia. Quando palavras pulam dos livros, das bocas, das lixeiras, e chegam, suavemente, juntas, justas, imersas em profundo sentido à superfície de uma folha de papel. Onde repousam em sentido de paz até o instante em que abrem-se as cortinas. Quando jogo fora minhas manchas, elas acabam voltando. E logo se transformam em uma outra coisa!

ROSA: Já gritei muito com a Maíra, mas agora chega! Apenas falo com ela, e se ela não ouve, não me importo. E se você também não me ouve, paciência... Cansei!

MAÍRA: Por acaso tenho um barco. E a vida dela não significar grande coisa mesmo. Mas quem é a Maíra, de fato?

ROSA/AVÓ: Minha querida, acasos são esperados, desejados! Acredite. E nunca é por acaso!

MAÍRA: E por que veio ao mundo, tão despreparada? Têm algum interesse? Qual será sua história no futuro? Quem gostaria de ouvir a Maíra?

MARCELO: Não tire conclusões muito fáceis. A pintura nasce de um diálogo.

MAÍRA: Não sei dialogar, mas sei fotografar um pensamento, ao menos.

MARCELO/AVÓ: [*tem um livro aberto nas mãos*] Acasos?

MAÍRA: Você já vai pro trabalho?

MARCELO: Sim. Ah... O nome da peça é... *Espectro*, e já estou com saudades. Do quê? Do que poderia ter sido. [*música*]

Rosa, Marcelo e Maíra estão sentados diante da TV. Maíra veste uma roupa tipo escafandro. Está balançando seu corpo para a frente e para trás.

5. PIPAS E BARCOS

MAÍRA/AVÓ: [*tem nas mãos um prato de sonhos*] A pirâmide contém a Maíra e também é contida por ela.

MARCELO: Então, pequenas pirâmides, de diferentes tamanhos, nos deixam sem resposta.

ROSA: Maíra permanece submersa. Apenas olhando pra nós através de um minúsculo visor.

MARCELO/AVÓ: [*com um dicionário nas mãos*] Vejamos... ESCAFANDRO: "Vestimenta impermeável, hermeticamente fechada, usada geralmente por mergulhadores para trabalhos demorados debaixo d'água."

MAÍRA: Em que parte do "corpo tipo escafandro" está sua alma? QUERO SAIR! [*com emoção*] Maíra costuma repetir isso em diversas entonações, mas tudo pra dentro. Penso que ele e ela escutam a Maíra, às vezes. Não acha, vovó?

MARCELO: Ao lado de um vaso com rosas brancas sobre a mesa. Ao lado da mesa, a janela que dá para o jardim está aberta. E num canto escondido, ali atrás, tem um velho barco de madeira pintado com desenhos de peixinhos azuis e amarelos. Todas as mães gostam de rosas. Só variando as cores. Esse barco aqui é da Maíra, e tem cheiro de rosas. Ela ganhou do papai, e ainda hoje costuma entrar neste brinquedo velho. Ela nem cabe direito dentro dele. Mas sabe de uma coisa? Há algo neste barco que deixa a Maíra realmente calma.

ROSA: Mas de onde essa menina quer sair, afinal?

MARCELO: Não tenho certeza. Estou procurando na internet...

MAÍRA: Não sabe... Mas sabe o que é uma pipa!

MARCELO: Eu já sonhei que era uma pipa.

MAÍRA/AVÓ: Maíra sempre gostou de ver o Marcelo soltar pipa. Ficava horas olhando pela janela...

MAÍRA: Então, não sei voar, apenas isto.

Mas consola-me amar, desenhar,
um pouco, ao menos, brincar, sonhar.

E talvez eu seja a mesma,
aquela minúscula pipa,
silenciosa em azul leve,
conduzida, através do vento,
por uma linha tênue,
desconhecendo onde pousar.

E sem mais, além de uma textura, breve,
de uma intuição tecida,
rabisco os contornos
de uma taça em puro cristal,
que me transborda
como água límpida,
saciando a sede
de saber-me afinal.

MAÍRA/AVÓ: Ele quer fazer uma surpresa pra irmã.

ROSA: Não gosto dessas ideias malucas do seu irmão. Às vezes ele é criativo demais pro meu gosto.

MARCELO: Suas mãos são delicadas como as da vovó Helena. Você se lembra dela, Maíra? Ela costumava ir com a gente naquela pracinha, perto de casa. Pra assistir ao teatro de bonecos, lembra? Todo domingo à tarde... Não perdíamos um. E você, Maíra, adorava! Lembra que um dia uma esperança pousou bem no seu ombro? Você ficou quietinha pra esperança não voar.

MAÍRA: A vovó também tinha uma esperança que ficou com ela pra sempre.

ROSA/AVÓ: Mandei tatuar. Só não fiz na Maíra porque a Rosa não deixou. Sempre foi careta essa minha filha.

MARCELO: [*sorri*] A vovó sempre agitando. Teve uma época que nós assistíamos a todas as peças infantis que estavam em cartaz. A vovó era deliciosamente feliz. E entendia a Maíra como ninguém. A Maíra nunca ficava agitada quando estava com a vovó, mas depois...

MAÍRA: A vovó virou plástico. Mas não foi embora do jeito que o papai foi.

ROSA/AVÓ: A essa hora, há uma calma que costuma entrar pela janela.

MAÍRA: [*sai da pirâmide e abre a janela*] Através dessas cortinas até que passa um pouco de luz.

ROSA/AVÓ: Maíra, querida, nos últimos tempos você anda tão triste.

MAÍRA: Adoro esse seu perfume de rosas. Você está aqui...

MARCELO: Mamãe, a Maíra anda muito enfiada naquela pirâmide. Deve estar sentindo saudades da vovó.

MAÍRA: [*sozinha no palco*] Minhas mãos costumam voar por essa janela, às vezes. E daqui a pouco alguém vai perceber que sou diferente aos poucos, suavemente. Mas dá medo não ser igual. Então, fica aqui, vovó. Não me deixa sozinha, não queria tirar seu ar. Perdão, vovó. [*começa a chorar*] Não vai embora, não gosto do escuro, me perdoa... vovó... [*a luz se apaga*]

A luz se acende. Estão reunidos novamente. A mesa está posta para o almoço.

MAÍRA/AVÓ: Domingo é um bom dia pra ir ao teatro!

ROSA: Maíra prefere ficar em casa.

MAÍRA/AVÓ: Vá se arrumar, rápido! Pode esquecer essa pirâmide hoje. No máximo pode levar uma das pequenas, e só! Vamos ao teatro com o Marcelo!

MARCELO: Maíra precisa se distrair!

ROSA: Eu sabia que você ia inventar uma maluquice dessas hoje.

MARCELO: Meus amigos vão adorar conhecê-la!

ROSA: Eu estava adivinhando... De jeito nenhum. A Maíra não vai sair de casa, entendeu? Vai ficar agitada, incontrolável. Não, não! Podem esquecer.

MAÍRA/AVÓ: O problema é que ainda não sabe se perdoar, ser generosa com você mesma. Não entende o conceito de generosidade. Então, sejamos generosos com a Maíra!

MARCELO: É isso aí, vovó! Vamos levar a Maíra ao teatro hoje!

ROSA: [*em tom de voz elevado*] Você não sabe o que é o melhor pra Maíra, mas eu sei! E se ela quiser sufocar alguém, hein? Não consigo nem imaginar. Não. Quando Maíra começa a tocar, a gente se encanta com a música que sai de dentro dela, mas se erra uma nota, bom, não quer mais tocar, não quer, entendem? Ela fica descontrolada. Eu fico descontrolada.

MAÍRA: Ela quer ir. Repare. As mãos dela dizem sim!

ROSA/AVÓ: Essa minha neta inventa cada coisa. Veja a história da pirâmide...

MARCELO: É sensacional!

MAÍRA: Mamãe, vem me arrumar! Está quase na hora de começar.

ROSA: Ninguém vê que a Maíra não consegue entender o mundo a sua volta? Ela é frágil, indefesa, e eu preciso protegê-la! Agora, teatro? São todos meio doidos por lá. Não quero que a Maíra sofra, entendem isso? Ela já não sofreu o bastante? Na escola, sendo hostilizada, rejeitada... E na vizinhança? Também. Agora imaginem no teatro? Não quero que se exponha mais. A escola de dança foi a minha última tentativa. Não posso esquecer o quanto todos riam dela quando dançava ao contrário de todo mundo. Chega! Chega de tentar e não conseguir. Chega! Vocês dois entenderam? [*começa a chorar e coloca as mãos sobre o rosto*]

MARCELO/AVÓ: A Maíra tem esperança! Quantas vezes mais eu preciso repetir?

MAÍRA: É muita confusão pra janela de abrir dia. Maíra fecha a janela e vai pra dentro da pirâmide. Há um foco de luz em Maíra que está em posição fetal. Fica assim por um tempo. [*música*]

Pela janela entra a luz de um novo dia. Estão todos tomando o café da manhã.

ROSA/AVÓ: Ontem foi ótimo! Você arrasou no palco, meu querido! Você sabe que não perco uma peça sua, né? Que orgulho! [*abraça o neto*]

MARCELO: Essa peça está agradando muito ao público.

MAÍRA: São as poesias?

MARCELO: Também! É que estamos experimentando novas conexões, sabe...

MAÍRA/AVÓ: Parecem quadros em cena.

ROSA: O que gostaria de fazer hoje, minha querida?

MAÍRA: NADA.

MARCELO: NADA. A Maíra pisou num caco de vidro! Não sentiu nada. E com os pés numa poça de sangue, continuou a olhar aquela pipa voando no céu. Por onde andará o corpo da Maíra?

MAÍRA: Ela pega uma caneta e começa a balançá-la em movimentos repetitivos.

ROSA: Com a caneta dá pra desenhar, escrever! É isso que você quer fazer? Escrever?

MARCELO: Maíra não responde mais. Está com os olhos fechados.

MAÍRA/AVÓ: Então está decidido, vamos levar a Maíra ao teatro, sim! Agora mesmo! Rosa, você está deixando a Maíra sem saída. Não vê?

ROSA: É só... amor de mamãe. Não vê? Amor em demasia. Compreende?

MARCELO: A vovó jamais abriria mão disso. Viver! Podemos ajudá-la, ou ao menos tentar!

ROSA: Na verdade, eu não sei mais o que posso fazer pra deixá-la bem.

MARCELO: No teatro também dançamos ao contrário. É assim que encontramos nossa humanidade. Também!

ROSA/AVÓ: Errar e não desistir. Temos que tentar de inúmeras maneiras.

MAÍRA: Você não se cansa de olhar pra Maíra? De falar com ela? Mas você devia desistir! DESISTIR! Ela não quer viver, não quer mais esse corpo, não quer mais responder.

MARCELO: Sabe de uma coisa? Acho que você não aguenta mais ser ignorada. Por você mesma.

ROSA/AVÓ: Pessoal, já vou servir o almoço! Hoje temos nhoque de batata-doce, molho à bolonhesa, salada de rúcula... Ah... E pirâmides! Eu mesma preparei. Vamos começar a comer logo. Não podemos nos atrasar.

MARCELO: A cadeira que era do papai agora é ocupada pela vovó. Adoro pirâmides orgânicas!

ROSA/AVÓ: Poesia e teatro são sinônimos, às vezes. A peça já vai começar.

Uma vez no teatro
costumo sentar esperando

vento que venta palavra, lentamente,
espelho em discreto reflexo, bem claro
e um certo sabor, caramelo.

Mas atrás disto,
o que há realmente?

Não sei, imagino apenas,
a tal fantasia que aguarda
a hora, finalmente, do espetáculo.

E é esse minúsculo ponto luminoso
que encena o bailar de um silêncio,
aveludado e protetor,
e que faz o sentido de um movimento solto,
procurar seu firmamento.
Assim, abraçam-se almas,
em delicada harmonia,
que encena desenho em tela viva,
com trama de palavras em gesto,
e entrelaça uma alegria dividida
entre angústia criativa,
vida lida e poesia.

E pode-se intuir essa mistura milenar
através do giro rabiscado
de uma simples borboleta
que também foi lagarta,
antes de abrirem-se as cortinas.

E pode-se intuir, também,
que nesse voo
o pouso vem em breve,
aqui, na minha alma,
também cenário de uma poesia.

*Maíra está imóvel, olhando a plateia. Tem uma pirâmide nas
mãos, e seu corpo está amarrado a pedras por cordas. Palavras são projetadas sobre o seu corpo.*

6. UMA PEÇA DENTRO DA OUTRA

MARCELO: Hoje as palavras serão suspensas pra encenarmos "Maíra".

MAÍRA: Vamos fazer isso mesmo?

MARCELO/AVÓ: Maíra, pinte um quadro pra nós! Olha, abriram-se as cortinas.

ROSA: Pena que o teatro não dá futuro pra ninguém, mas é bonito de ver.

MARCELO: O que pensa que sabe sobre o futuro? E sobre o teatro, o que pensa que sabe?

ROSA: Estou mesmo é preocupada com a Maíra. Até agora está se comportando bem, mas você viu que ela nem quis me dar a mão pra sair de casa, mamãe? Mas deu a mão para o irmão. Parecia que estava mesmo querendo vir ao teatro. E ela nem gosta de sair! Você lembra quando tentei levá-la na festa da Verinha? Deu tanta confusão. Não gosto nem de lembrar.

MARCELO: É... A Maíra praticamente estragou a festa, e ficou arrasada, tanto ou mais que a gente.

ROSA: E você viu a cara da Maíra quando aquele caranguejo que estava no palco desceu e veio buscá-la aqui? Ela foi na hora... Nem acreditei no que estava vendo. Algo está acontecendo. Espero que ela não comece a se descontrolar como faz habitualmente em lugares desse tipo.

MAÍRA/AVÓ: Maíra tem uma esperança presa ao corpo. E precisamos tentar coisas novas. Precisamos de novos olhares. Não pense o pior. Olhe pro palco e veja como ela está se sentindo bem!

ROSA: É que não tenho mais força, nem saúde, pra controlar a Maíra. E imagine a confusão na plateia se ela resolve, sei lá... Bom, ninguém é obrigado a aturar.

MARCELO/AVÓ: Silêncio. Já vai começar.

MAÍRA: [*caminha pelo palco e fica um tempo sem saber o que fazer*] Já escolhi um corpo pra mim. E minha voz ecoa suas imagens. Serei a mão que segura a pirâmide e a revela em poesia? Ou serei apenas o enquadramento de imagens congeladas pelo tempo, espelhadas pelos cantos de um palco? Na verdade, todos nós estamos num palco, seja aqui ou aí. Vovó? Você veio hoje? Mas veio de onde? Nunca me diz onde está morando agora. Você também não tem mais corpo, né? Faz tempo... E fui eu que levei seu corpo, vovó. Fui eu, vovó? Preciso saber! Mas ninguém me responde. Naquele dia, seu corpo virou plástico depois que te toquei. E o meu virou pedra. [*chora, pausa breve, passa as mãos pelo seu corpo*] Aqui há muitos fios. E fios que não foram bem conectados, entende? Eu ouço bem o mundo, você sabe. Mas ele chega aos meus ouvidos tão barulhento! Então, preciso tapar os ouvidos. Depressa pra diminuir a dor. Enquanto isso, meus olhos, de forma abrupta e desconcertante, me fazem ver o que não preciso. Meus excessos amplificados e doloridos. É confuso explicar. Dói sentir com esse corpo. Não sei por que o escolhi. Será que foi pra poder enxergar de outra forma? Esse mundo de dentro, dentro de outro mundo? Minhas imagens são fotografias antigas dessa história da qual faço parte. Então, também sou essas folhas espalhadas ao vento, aqui [*folhas, fotografias voam pelo palco*] nesse palco. Sou eu, ela... Sou outra, outras... Inúmeras possibilidades de mim mesma, um ser que se constitui na fenda profunda que revela, aos poucos, de forma velada, uma natureza sublime. Escondida, alma etérea amarrada pelo tempo, algum tempo, ao peso incompreensível de seu corpo tão incoerente e piramidal. Também santo corpo abençoado pelo limite que prova o contrário. Prova diária de que sou mais e maior do que um simples corpo. Um limite que anuncia uma superação, a cada dia, em cada minúsculo gesto, delicado e pessoal. É só prestar atenção. Um corpo denso nos recria para expandir para muito além dele. E nos faz compreender a beleza do intangível que sobrevive no concreto corpo pesado, que um dia será como um pó acinzentado e leve sobre um chão de cimento. Ou sobre uma plantação de rosas brancas. Um corpo compactado que também nos serve como suporte de um abstrato. Como um quadro que nos revela a essência de uma pintura eternamente impossível.

Amplo espectro de luz refletido nos corpos imóveis dos personagens que estão de mãos dadas olhando na direção da plateia. Refletem luz tipo arco-íris.

7. ESPECTRO QUE NOS CONTÉM

Maíra está na pirâmide e Rosa está sentada no sofá.

ROSA: Maíra não quer sair de jeito nenhum.

MAÍRA: Deve estar cansada de ser ignorada.

ROSA: Bom, seu pai mesmo sempre me ignorou. Quantas vezes chegou do trabalho e nem boa-noite deu. E na rua? Também costumo ser ignorada. Hoje em dia as pessoas nem se olham, mesmo lá no condomínio. Esse povo não dá nem bom-dia! Não quer saber como a gente está passando, se precisa de alguma coisa. Cada um só pensa em si. E até as crianças ficam naqueles celulares, jogando... E sei lá mais o quê.

MAÍRA: Às vezes a Maíra também te bate.

ROSA: Às vezes, suas mãos também te batem, filha.

MAÍRA: Se a Maíra dormir, você vai embora?

ROSA: Não! Não vou a lugar algum.

MARCELO: Oi, pessoal! Tudo bom por aqui?

ROSA: Chegou cedo!

Marcelo senta para fazer um lanche.

MAÍRA: Você está me ouvindo? Ou só comendo?

MARCELO: Ouço você sem ouvir sua voz.

MAÍRA/AVÓ: Maíra precisa ser ouvida!

ROSA: Minha atenção é sua.

MAÍRA: [*dentro da pirâmide*] Agora?

ROSA: Maíra, você deve estar é com fome.

MAÍRA: As imagens dela sabem falar.

MARCELO: As palavras podem ser imagens e as imagens podem ser palavras.

MAÍRA: Só que não dá pra mudar o que seu corpo não está dizendo.

MARCELO: Pra conversar não precisa falar, às vezes... Costumamos conversar até com o pensamento das pessoas.

ROSA: Chega disso! A Maíra não vai entender o que você está falando. E hoje está chovendo muito. [*fecha a janela / barulho de chuva*]

MAÍRA: Por que acontecem coisas ruins? Por que naquele dia não consegui chorar? E por que a vovó parou de falar?

ROSA/AVÓ: Não vê que eu não parei? Minha querida... Já te falei isso... O lugar do passado é no passado. E coisas ruins acontecem. Pra todo mundo. Mas também acontecem coisas boas! Eu diria que acontecem mais coisas boas do que ruins.

MAÍRA: Maíra sai da pirâmide e vai se sentar ao lado do Marcelo. Começa a comer e derruba comida na mesa. O copo do suco também vira, molha a toalha e o chão. Rosa limpa tudo, e Maíra só observa.

ROSA: Quer dormir depois do almoço?

MAÍRA: [*No sofá*] Aqui, quem é de plástico e quem é de verdade? Quem está dormindo? E quem está acordado?

MARCELO: A peça começa às 17h. Maíra, você quer ir ao teatro hoje?

Maíra se levanta e vai se deitar ao lado do barco.

MAÍRA/AVÓ: Antes, o corpo dela cabia dentro do barco, mas agora é maior um pouco.

ROSA: Lembre-se do que o médico disse. Ela sempre precisará de cuidados especiais. Preocupo-me com a Maíra. O teatro não vai dar conta. E ela sempre será esquisita pro mundo.

MARCELO: Eu posso experimentar trocar de lugar com ela. Então, vamos todos ser esquisitos também! Gosto das assimetrias, da amplitude de uma minoria, dos espectros e, principalmente, gosto da Maíra!

Maíra senta sobre um piano de brinquedo e toca as teclas invisíveis de sua música.

8. NOVA LÓGICA PARA SENTIR

Maíra está deitada no sofá. Está agitada, tensa. Rosa está a seu lado.

ROSA: Fica calma, o remédio já vai fazer efeito. Vai passar... Tudo passa, Maíra. Tudo!

MAÍRA: Não abra a janela hoje. Lá fora tem muitas cores que não podem me ver.

MARCELO: O que houve? Você gostava de desenhar as cores! Olhe isso aqui... [*ele mostra um desenho que a Maíra fez há muito tempo*] Na época, a vovó colocou numa moldura e pendurou numa das paredes da sala. Era um barco, né?

MAÍRA: Não entendo o que se passa no teatro. Não entendo as Três Irmãs, nem Shakespeare, nem Romeo, nem a Branca que era de neve!

MARCELO: Vamos trocar de papéis? Eu serei você e você será eu, ok?

MAÍRA: Quem será a VOVÓ?

MARCELO: Nós dois podemos ser a vovó, lembra? É só colocar os óculos que a vovó aparece.

ROSA: E se a Maíra precisar ir ao banheiro? Não vai saber ir sozinha.

MARCELO: Então, Maíra começou a chorar, gritar! Maíra, se acalme. Preciso da sua ajuda!

MAÍRA: Vai me levar pro hospital?

MARCELO: De onde tirou isso? Vou levar você pra assistir a uma peça de teatro!

ROSA: Meus livros começaram a voar da estante pro chão.

MAÍRA: Nunca falei com a boca?

ROSA: Falou... Faz tempo... Duas únicas vezes... Uma vez você disse, aos gritos: "Escuto!" Outra vez: "Não quero que você me abrace..."

MARCELO: No palco podemos experimentar outros pontos de vista. E isso nos devolverá sabedoria ou não. Mas podemos tentar fazer algo que mude nossa realidade. Mas o que seria realidade? E o que seria o melhor? Esse é nosso desafio agora... Um, dois, três... Trocando de papéis...

Marcelo declama uma poesia. Maíra está vestida de esperança.

A imagem congela e aos poucos a luz vai se apagando.

9. POESIA E TEATRO

MARCELO/MAÍRA: Sou invisível no corpo dela.

MAÍRA/MARCELO: Saí... Fui dar uma caminhada! Já estou atrasada?

MARCELO/MAÍRA: Não sei. Também não sei dizer. Bom dia, senhor! Como vai, menino? Prazer em revê-la!

MAÍRA/MARCELO: Ela não é um senhor nem um menino.

MARCELO/MAÍRA: Não sei o tempo certo para o seu corpo. O chão ficou vermelho, as paredes também. Maíra não percebeu?

MAÍRA/MARCELO: Ontem ela gritou desesperadamente, mas nenhum som saiu pra fora.

MARCELO/MAÍRA: E temos quem queira ouvir?

MAÍRA/MARCELO: Não consigo pensar em nada mais real que estar aqui, eu, você... nossos corpos trocados...

MARCELO/MAÍRA: Nunca havia notado que alegria, amor, tristeza, raiva são sutilezas apenas.

MAÍRA/MARCELO: Daqui consigo abraçar você!

MARCELO/MAÍRA: Então, não vai me bater hoje?

MAÍRA/MARCELO: Gosto de te ver sorrir!

MARCELO/MAÍRA: Maíra quer ser entendida, mas não confia num mundo que a trata como uma estranha.

MAÍRA/MARCELO: Meu sorriso tornou-se uma pintura.

ROSA: O vento costuma dissipar nuvens... Pode demorar, mas acontece um dia. Como uma brisa leve que não sabe disso... Você é bonita e não sabe disso... Você é inteligente e não sabe disso, você é amada e não sabe disso. Mas sabe de uma coisa? Acho que você sabe...

MARCELO/MAÍRA: [*com um livro aberto nas mãos*] Não entendo o mundo...

Rosa
Maíra
Marcelo
Uma pirâmide
...

10. VERMELHO

MAÍRA: Agora todos sabem o nome do que me tem...

MARCELO: Que diferença faz um nome?

ROSA: Você nunca disse que me amava, não é? Nem sequer me abraçou uma única vez. Às vezes é bom ouvir outras pessoas, sabe? Desabafar um pouco...

MARCELO/AVÓ: Dia bom esse, hein? Gosto quando vocês começam a conversar. Amor seria uma boa palavra pra se falar hoje em dia!

MARCELO: Hoje temos tempo, Maíra!

ROSA: E o que você gostaria de fazer?

MARCELO: Aonde quer ir?

MAÍRA: Esquecer aos poucos...

ROSA: E o que quer esquecer?

MAÍRA: [*acende velas*] A escuridão... Preciso de muitas velas...

ROSA: Não gosto de te ver assim.

MAÍRA: Ela sufocou a vovó, não foi? [*sons de vozes, telefones tocando, luzes piscando, aspirador, liquidificador etc.*]

MARCELO: Maíra entra em pânico e começa a chorar, gritar.

ROSA/AVÓ: Aqui tem ar por toda parte. Não vê que estou bem?

MAÍRA: Mas a faca ficou vermelha.

ROSA/AVÓ: Agora posso ser uma das flores vermelhas do jardim.

MARCELO: Mamãe, por que não desenha uma flor pra Maíra?

MAÍRA: As flores não têm braços, pernas, não sabem falar. Eu também não sei. O mundo gosta das flores, mas será que gosta dela?

MARCELO: Está quase na hora de recomeçar a peça.

ROSA: Maíra começa a tocar música num piano invisível que está dentro da pirâmide. Podemos ouvir...

MARCELO: A música está dentro da Maíra desde que ela era um bebê. Com dois anos ela já cantarolava.

MAÍRA: Então... Ela fala! E a voz vem de um lugar que não tinha voz... Eu fiz mal pra vovó, sim! Naquele dia, eu peguei a faca na cozinha e...

ROSA: VOCÊ ESTÁ FALANDO! Você falou... Mas o que disse? O que é isso, filha?

MAÍRA: Precisa das letras mais sólidas?

MARCELO: Eu sempre soube que um dia você ia... Mas deixe de bobagem... Foi só um acidente... triste, Maíra...

MAÍRA: Eu machuquei a vovó. [*grita*] MACHUQUEI A VOVÓ! Eu peguei a faca na cozinha, a vovó estava fazendo o almoço. Ela não me viu pegar. Eu só queria arrumar os talheres. Mas a vovó não deixava... [*começa a chorar*]

ROSA: Deixa de bobagem... Você não machucou a vovó. Você sempre adorou sua avó. De onde tirou isso? Aquele dia não foi como você...

MAÍRA: A vovó não gostou. Pediu pra eu devolver... E eu... [*chorando*] saí correndo. A vovó veio atrás de mim... Então, ela...

MARCELO: [*chorando*] Foi um acidente, Maíra. Você não fez nada de errado. Acredite!

Marcelo tenta abraçar Maíra, mas ela não permite.

MAÍRA: Então, eu só ia devolver a faca. Eu estava dando a faca pra vovó. Só devolvendo. Eu lembro... Aí... ela tropeçou. Caiu. [*pausa breve*] Em cima, em cima da... [*chorando*] E eu matei a vovó? Não ajudei, não cuidei. Não sabia... Tudo ficou vermelho. Ela pediu pra eu me acalmar. "Estou bem, Maíra. Fique calma." Mas ela não estava. Não estava bem. E pediu ajuda. E eu... não ajudei.

ROSA/AVÓ: Não há culpa. Eu caí. Escorreguei. Foi só um acidente! E isso já faz tanto tempo, Maíra.

MAÍRA: Meu corpo não se mexeu. Não sei ajudar, vovó. Eu não sei te ajudar. Por que você está toda vermelha? Levanta! [*começa a gritar*] Tudo vermelho... Minhas mãos, meus pés... A vovó... [*começa a chorar*]

As luzes se apagam. Pausa breve.

As luzes se acendem. Os três continuam dentro da pirâmide. Estão abraçados.

MARCELO: Abracei a Maíra. Ela se deixou abraçar.

Saíram da pirâmide, foram se arrumar. E agora estão próximos à PORTA DE SAÍDA.

ROSA/AVÓ: Deixem a Maíra ir! Ela vai ficar bem.

MAÍRA: O teatro poderia ser uma poesia que recolhe meu corpo aos pedaços. Em fragmentos de uma cena, onde meu pé poderia ser um caranguejo e minha mão, uma faca de vento. Ando até sem pisar... E o chão não é mais rápido que os meus pés.

MARCELO: Se ela disser que não, tudo bem. Não vou insistir.

MAÍRA: E a voz me vem às vezes... Mas continuo olhando pro teto e não falo com estranhos conhecidos.

MAÍRA: Então, já posso devolver o corpo?

ROSA: Pra quem?

MAÍRA: Pra alguém que goste de pirâmides.

MARCELO: Só que não tem outro corpo pra colocar no lugar.

MAÍRA: Então, preciso de uma máquina. Serve um celular!

MARCELO: Pra quê?

MAÍRA: Quero fotografar a solidão. Pra não esquecer. [*pausa breve*]

Estão no teatro, aguardando o início do espetáculo.

ROSA/AVÓ: Hoje chegamos mais cedo. O teatro ainda está vazio. Seu irmão sempre consegue bons lugares. Daqui dá pra ver bem o palco. Vai lá, Maíra. Pode ir! Estão te esperando. A vovó vai ficar aqui, e quando estiver lá em cima, dá uma olhadinha pra cá, tá bom?

Marcelo está sentado diante de um computador, escrevendo.

Rosa e Maíra estão em pé, a seu lado, lendo.

É boa esta sensação de última cena.

11. AMOR EM DIAS

MAÍRA: Eu ainda tenho algum tempo dentro dessa fotografia, porém não sei mais do que se trata a peça. Do que estamos falando mesmo?

ROSA/AVÓ: Dos livros que voam das estantes, dos bordados orgânicos, do *Pequeno Príncipe*... Aliás, acho que ele voou ontem. Hoje foi *A ilha do tesouro* e *Um amor feliz*. É de AMOR que estamos falando, querida. De amor, todo esse tempo.

MARCELO: O corpo que te emprestaram não entende o que se passa com os poetas, não é? Mas sabe de uma coisa? Eu acho que entende, sim.

MAÍRA: A poesia não me toca. Só a água do mar pode me tocar.

MARCELO: Então, vamos desenhar esse mar? Será que sei desenhar o mar que toca a Maíra?

MAÍRA: Sabe desenhar palavras?

MARCELO: Os tamanhos são outros e os lugares também. E não posso tocar seu rosto com palavras. Nem te abraçar, escrevendo. Ou posso?

MAÍRA: Daqui posso ser árvore. Daqui sei dizer o quanto dói não falar com o mundo. Não ter palavras, só pensamentos em corpo desobediente. Daqui pode-se ver a ferida aberta que começa a cicatrizar. Daqui, também, pode-se dizer algo pra quem quer ouvir. Aqui meu silêncio vira... A POESIA DO DIFERENTE.

MARCELO: O silêncio é uma virtude que pode ser compartilhada.

ROSA: O que está olhando? Qual é o problema? Eu te devo alguma coisa? O que quer? Fale! Sim, a Maíra é diferente mesmo, pronto! Mas isso não significa que ela é menos que os outros! Ela é linda e só não se comporta como a maioria das pessoas. Mas ela sabe tocar piano! Seu filho sabe tocar piano? A Maíra aprendeu! Sozinha! [*ela se agita e se levanta*] Não trate minha filha como se ela fosse um erro. Ela construiu uma pirâmide, sozinha!

MAÍRA: Estou cheia de lama. Será que dá para alguém me limpar?

ROSA: Mas é lama mesmo, Maíra?

MAÍRA: Como vou saber? Parece lama medicinal.

ROSA: Sabe o que eu acho? As pessoas deveriam cuidar de suas vidas em vez de ficar tomando conta da vida dos outros. Não gostam da Maíra, mas acho que é puro medo. Medo do que não é igual, medo de ser tocado pela... desigualdade.

MAÍRA: Vovó não está mais respondendo às mensagens. Vou enviar novamente.

MARCELO: Onde te olham, Maíra?

MAÍRA: Um defeito aqui dentro, que não tem conserto.

ROSA: A peça está acabando, né?

MAÍRA: Não querem os desiguais, né? Só que o dia pode ser bom mesmo sem dizer bom-dia!

MARCELO: Talvez não saibam disso, ainda.

MAÍRA: Não quero acabar.

MARCELO: Por falar nisso, estou pensando em acabar com um grito que ninguém ouve. O que acha?

MAÍRA: Tenho muitos gritos escondidos. Se quiser posso te emprestar um.

MARCELO: Foi sem saber que ela foi ao meu encontro. Era mais um dia igual aos outros. Eu subia. Ela descia. Paramos para nos olhar. E seguimos juntos sem saber exatamente pra onde íamos.

MAÍRA: Só não me abrace.

MARCELO: Meio esquisito isso, né?

MAÍRA: Essa música vem de onde?

ROSA: Vem de Deus.

MAÍRA: Também vem das mãos.

MARCELO: Não quero me mexer. Um líquido aquecido está escorrendo pelas minhas pernas. É a água do mar.

ROSA: Doutor, mais uma perguntinha: ela vai falar algum dia?

MAÍRA: Sei falar, mas não falo...

MARCELO: Está fora de medida, amplificada ou algo assim?

MAÍRA: Só peço pra me ajudar a chorar.

MARCELO: Então, troca um pouquinho de lugar comigo. Já está na hora de voltar pra casa mesmo.

ROSA: Já é tarde, e a Maíra tem terapia amanhã cedo.

MARCELO: Vamos voltar de táxi!

ROSA: Gosto dessa música que eles tocam no final, depois que fecham as cortinas.

MAÍRA: No teatro, o que é real? E o que é imaginação?

ROSA: As cortinas são reais!

MAÍRA: Se ela ficar imóvel, sem falar, parecerá real?

MARCELO: Não vê que real é um abstrato relativo?

MAÍRA: Eu me sinto assim!

ROSA: Meu coração quer parar. Por um momento apenas...

MARCELO: Pra ser artista tem que ser um pouco doido, né?

MAÍRA: Então, é um mistério?

MARCELO: Sim, Vivaldi é um mistério!

ROSA/AVÓ: Maíra se encantou com aquele caranguejo simpático que a tirou pra dançar.

MAÍRA: Minha imagem quer dançar pelo palco. E minhas mãos são as asas que se revelam logo mais...

MARCELO: Maíra desmonta a pirâmide, e agora a pirâmide está na palma de sua mão.

MAÍRA: Sinto o aroma das rosas equilibradas.

MARCELO: Domingo que vem vamos ao teatro novamente, Maíra.

ROSA: Um conserto belíssimo. Bravo! A pia não está mais vazando! Acabaram-se os nossos problemas.

MAÍRA/AVÓ: Maíra, querida, pergunta pra sua mãe se o sonho já acabou.

ROSA: Acabou, sim, mas vou pedir pro seu irmão trazer mais.

MARCELO: A vovó vive nos eternizando em doces.

MAÍRA: Vou dormir mais cedo pra sonhar com o cheiro daquele sonho em forma de flor.

MARCELO: Não existe uma peça sem que antes não se tenha "vivido" nela.

MAÍRA: E dá pra transformar o que já tenho?

ROSA: Maíra derrubou um prato de sonhos na sala. Você vai comer tudo o que está no chão. Mas que coisa! Que falta de atenção!

MAÍRA: As formigas também?

Rosa limpa o chão.

MARCELO: Há um ritmo próprio pra cada um de nós. Só precisamos descobri-lo.

MAÍRA: Os olhos de vidro da boneca eram de cristal, e eu não sabia...

MARCELO: Tente compreendê-la. Não vê que não vive sem ti?

MAÍRA: Eu já gostava da ideia de ir adiante.

ROSA: Está quase na hora de dormir.

MAÍRA: Hoje eu quero vitamina de banana com aveia!

MARCELO: [*barulho de liquidificador ao fundo*] Maíra caiu no sono enquanto esperava a vitamina. O que será que a Maíra sonha?

ROSA: Isso eu não sei. Então tudo volta, né? Reaparece. Mas sabe de uma coisa? Isso não me assusta tanto assim.

MARCELO: A Maíra tem melhorado muito. Às vezes eu até me espanto com o progresso dela. São pequenas conquistas, mas, sem dúvida, são vitórias, mamãe. E você sabe disso, né?

ROSA: Claro que sim! E, de certa forma, hoje, sinto um grande alívio de ver a Maíra bem.

MARCELO/AVÓ: Graças a Deus!

ROSA: Passamos por tantas coisas...

MARCELO: Você tem sido uma mãe incrível. [*abraça a mãe*]

ROSA: Foram muitas dificuldades, mas estamos bem: a Maíra, você, eu. E como a Maíra está feliz, mais calma! Sabe de uma coisa? A Maíra nos ensinou muita coisa, também.

MARCELO: Sem dúvida. Olha, ela acabou dormindo e nem tomou a vitamina. Melhor não acordar. Vamos deixá-la descansar um pouquinho. Nada tem sido banal em nossas vidas, nada. Gosto daquilo que nos tornamos! E é bem legal brincar esse jogo dela, né? Entender o que ela fala, sente, sem precisar das palavras.

ROSA: É... Aprendemos a entrar nesse mundo dela, não foi? Ser mãe da Maíra me modificou, profundamente. Mesmo sem abraçar a gente, eu sei, ela se sente amada.

MARCELO: Sempre teve muita dor envolvida, de certa forma ainda tem, mas também tem amor. Generosidade, respeito, tolerância...

ROSA: Gosto de olhar pra ela enquanto dorme. Isso sempre me fez sentir uma paz. Algo como uma certeza de que ela está protegida, acolhida... Enfim.

MARCELO: Também aprendi a ouvir mais, a ouvir até o silêncio! Foram dias e dias de silêncio entremeado por gritos. Mas a gente nunca abriu mão de ter a Maíra ao nosso lado.

ROSA: Sim... Por falar nisso, eu já te agradeci hoje?

MARCELO: Não tem nada que me agradecer. Não fiz nada!

ROSA: Você sempre esteve aqui.

MAÍRA: [*acorda sorrindo*] E a minha vitamina de banana com aveia? Você não foi embora.

Os três estão diante de uma tela em branco e começam a dar pinceladas.

MAÍRA: Voe com música e equação
Voe sem volta e sem tempos de imposição
E não tire conclusões muito fáceis...

ROSA: É isso mesmo? Estamos pintando um quadro de família?

MAÍRA: Já somos uma composição!

ROSA/AVÓ: O amor renasce em pequenas sementes dia após dia. Agora tenho que ir. Preciso descansar.

MAÍRA: Mas não sei plantar as flores, vovó!

MARCELO: Pode aprender!

MAÍRA: Posso?

MARCELO: A terra é justa quando arada pelo coração.

ROSA: O que ainda estamos fazendo aqui?

MAÍRA: Não entendo de poesia.

MARCELO: Uma palavra nunca é só uma palavra.

MAÍRA: Minha mãe costuma ventar, rezar...

ROSA: É que meu amor cresce por ti, Maíra.

MAÍRA: Conheça-me antes de me julgar.

MARCELO: Eu confio em ti, Maíra. Confio em nós!

De que se precisa para construir uma dramaturgia?

Sobre a mesa de trabalho, vestígios de alguns colaboradores. Nomes que ainda ecoam, por aqui, como uma melodia... Renato, Wislawa, Fayga, Diogo, Marcos, Clarice, Andrew, Anna, Oliver, Fernanda, Romeo, Sophia, entre tantos outros que me emocionaram por meio de suas vidas, histórias, obras. E é neste clima afetuoso que dou início a uma nova imersão criativa.

De que se precisa para construir uma dramaturgia? Essa foi uma pergunta que me fiz constantemente. E a resposta veio, aos poucos, suavemente, através dos bons encontros que aconteceram ao longo desta jornada.

O enigma do bom dia é um convite à reflexão sobre os desafios da convivência. Trata de uma "parede invisível" dentro de uma família, consequência de um autoisolamento enigmático. Como achar a porta que possibilitará a comunicação entre esses dois mundos? Por que e para que abrir essa porta? Como descodificar o enigma do isolamento? E que argumentos poderiam ser usados para resgatar alguém de trás dessa parede?

A arte costuma ser uma boa resposta para inúmeras perguntas que venho me fazendo ao longo dos anos. Em sua função e forma, amplia a existência pela capacidade de transformar acontecimentos em novos acontecimentos, e por suas infinitas possibilidades de recriar camadas de vida. Penso que o interesse do teatro, e da arte em geral, é justamente a metáfora inesperada dentro de um processo em permanente renovação.

∎

Algo que vale ressaltar é a atemporalidade do processo de uma criação artística, uma vez que não se pode precisar o instante exato que se inicia, muito menos quando cessa, finalizando um ciclo.

No teatro, o tempo costuma ser mais intimista e elástico, em que passado, presente e futuro se fundem num outro tempo, que vai ao encontro de um eterno agora em desdobramentos da linguagem que o constitui.

O ato de escrever implica, na prática, constante observação, e acredito que essa é uma das chaves que abrem portas para novas intuições criativas.

O teatro também nos permite observar um mesmo acontecimento de diferentes pontos de vista. Ele não está interessado em repetir ou reproduzir eventos, mas no processo que recria a vida.

Por mais que seja uma tarefa árdua que exige dedicação e comprometimento, ainda hoje o trabalho criativo é considerado, por muitos, como o ofício daqueles que não gostam de colocar a mão na massa. Mas parece que não é bem assim. Afinal, estou aqui, agora, num sábado à noite, quase domingo, escrevendo um posfácio para uma dramaturgia que foi concebida a partir de um mero acaso.

■

Participar do Núcleo de Dramaturgia SESI Rio de Janeiro foi de fundamental importância para o aprimoramento profissional e pessoal de todos os participantes. Ao longo de um ano de convivência com este grupo coeso e criativo, sob a preciosa orientação do Diogo Liberano, tivemos uma oportunidade de estudo que nos propiciou um valioso aprendizado.

Além das inúmeras leituras, debates instigantes, aulas teóricas, nos dedicamos, também, à escrita. Enfim, foi um ano gratificante para todos, não só pelo estudo dirigido, mas pela possibilidade de nos conhecermos e trocarmos nossos saberes, experiências, intuições. Inclusive com a prática do revigorante exercício de ouvir o que o outro tem a nos dizer. Isso foi algo realmente significativo. Acredito que esse clima harmonioso que se estabeleceu no grupo foi de fundamental importância na elaboração de nossas dramaturgias e em nosso amadurecimento profissional.

Antonio de Medeiros, Cecilia Ripoll, Daniel Chagas, Diego Dias, Diogo Liberano, Francisco Marden, Francisco Ohana, Jean Pessoa, Julia Santos, Livs Ataíde, Luiza Goulart, Marcela Andrade, Matheus de Cerqueira, Robson Maestrelli, Rosane Bardanachvili, Suellen Casticini e Tomás Braune. Sou grata por tudo que partilhamos no Núcleo de Dramaturgia SESI Rio de Janeiro, ao longo deste ciclo de vida.

■

Gostaria de comentar algumas das etapas pelas quais passei durante a construção da dramaturgia. Por exemplo, a fase em que precisei escolher um assunto, um tema a ser desenvolvido, e como um leque de opções se abriu, evidenciando quanto a liberdade, também, pode ser angustiante.

Numa outra fase, já com o tema definido, precisei fazer um esboço inicial do que seria a dramaturgia, pois logo teria uma primeira reunião com o Diogo. Esse encontro aconteceu e foi de grande valor, pois saí dele com sugestões de leituras, de filmes, de autores etc.

Então, passaram-se mais algumas semanas, até a data limite para a entrega de uma primeira versão do texto ao Diogo. O passo seguinte seria um retorno dele, através de uma gravação da leitura dramatizada e comentada. Essa fase foi bem significativa, pois abriu uma nova dimensão para o trabalho.

■

É curioso o modo pelo qual, muitas vezes, escolhemos um tema, um assunto para desenvolvermos um trabalho. Lembro que, logo no início do processo, fui questionada por algumas pessoas sobre o que eu iria escrever. Só que, na ocasião, eu ainda não tinha a menor ideia. Respondi que estava apenas pensando nos acasos que acontecem em nossas vidas, e comentei que havia lido qualquer coisa sobre o espectro do autismo.

Seria mais fácil, simplesmente, escolher um assunto qualquer e pronto. Poderia ser um tema que estivesse na moda, ou que eu dominasse, ou algo que eu já tivesse feito. Assim, era só repetir o que já tinha dado certo. Para quem está criando, essas são pequenas tentações que surgem pelo caminho, pois costumamos ter a tendência de buscar uma solução mais fácil que feche e conclua rapidamente um conteúdo. Por isso, a necessidade de se estar atento a essa armadilha.

Num domingo de setembro de 2017, fui visitar um amigo e, enquanto ele preparava um café, passei os olhos em um livro que estava sobre a mesa da sala, e isto foi uma espécie de acaso que acabou determinando o rumo do trabalho. Naquele dia, não abri o tal livro, mas fiquei com a palavra espectro na cabeça. Nem eu mesma sabia, mas ali tinha um caminho definido. Então, isso seria um acaso, não é?

Naquela semana comecei a ler sobre o assunto, ver documentários, vídeos, filmes. Fui a palestras, livrarias. Enfim, foi, também, a partir desse momento, que comecei a me fazer algumas perguntas: O que eu gostaria de abordar? Como? Por quê? E para quem?

Para resumir, busquei chegar ao objetivo sem a pressão de ter que chegar a um objetivo de qualquer maneira. E tratei a palavra e a imagem dentro de uma mesma vertente, com graus de significado que se equivaliam. Isso foi um pouco complicado, mas fiquei aberta a essa experiência e, aos poucos, foram surgindo páginas soltas, com anotações; eram vozes que ecoavam em mim. E não sei quantas vezes li e reli essas palavras-vozes-imagens, até que pudesse ouvir a minha própria, sinalizando um caminho, finalmente.

Foram muitos relatos sobre as vidas de pessoas que se sentiam de alguma forma rejeitadas por serem diferentes da maioria. E foi nessa fase que me senti numa espécie de labirinto de impossibilidades. Então me veio a sensação, nítida, de que eu tinha um quebra-cabeça nas mãos. E o que eu precisaria fazer era organizar as peças para montar a imagem desse enorme enigma que poderia vir a ser a minha dramaturgia finalizada.

Passei muitas noites e fins de semana diante de um computador, escrevendo. Para mim, foi um processo de escrita diferente. Em um dado momento, havia uma dramaturgia visual e uma verbal, as duas correndo em paralelo. Precisei utilizar músicas, cores, pinturas para compor e sintetizar cenas, emoções, personagens. Havia uma sinestesia marcante que, de certa forma, se impôs como parte desse processo.

■

Olhar para o outro e de maneira alguma desconsiderar sua experiência é de fundamental importância na vida, no trabalho, em tudo, e estar aberto para receber o que pode vir ao seu encontro. Cada um de nós é capaz de receber informações e lapidá-las de acordo com uma capacidade individual de síntese, adquirida por um amadurecimento emocional, intelectual, espiritual.

Então, a última pergunta que me faço: O que ficou?

Gratidão... Pelo que aprendi, vivi, e uma forte emoção, porque o trabalho criativo emociona mesmo, quando fala do que é humano para o humano.

Olga Almeida
Rio de Janeiro, fevereiro de 2018.

© Editora de Livros Cobogó, 2018
© Olga Almeida

Editora-chefe
Isabel Diegues

Editora
Fernanda Paraguassu

Gerente de produção
Melina Bial

Revisão final
Eduardo Carneiro

Projeto gráfico e diagramação
Mari Taboada

Capa
Guilherme Ginane

CIP-BRASIL. CATALOGAÇÃO-NA-FONTE
SINDICATO NACIONAL DOS EDITORES DE LIVROS, RJ

Almeida, Olga, 1964-
    O enigma do bom dia / Olga Almeida.- 1. ed.- Rio de Janeiro: A449e Cobogó, 2018.
                   72 p.; 19 cm. (Dramaturgia)

    ISBN 978-85-55910-58-6

    1. Teatro brasileiro (Literatura). I. Título. II. Série.

18-50204   CDD: 869.2
                                             CDU: 82-2(81)

Meri Gleice Rodrigues de Souza- Bibliotecária CRB-7/6439

Nesta edição, foi respeitado o Acordo Ortográfico da Língua Portuguesa de 1990, que entrou em vigor no Brasil em 2009.

Todos os direitos em língua portuguesa reservados à
Editora de Livros Cobogó Ltda.
Rua Jardim Botânico, 635/406
Rio de Janeiro — RJ — 22470-050
www.cobogo.com.br

Outros títulos desta coleção:

ALGUÉM ACABA DE MORRER LÁ FORA, de Jô Bilac

NINGUÉM FALOU QUE SERIA FÁCIL, de Felipe Rocha

TRABALHOS DE AMORES QUASE PERDIDOS, de Pedro Brício

NEM UM DIA SE PASSA SEM NOTÍCIAS SUAS, de Daniela Pereira de Carvalho

OS ESTONIANOS, de Julia Spadaccini

PONTO DE FUGA, de Rodrigo Nogueira

POR ELISE, de Grace Passô

MARCHA PARA ZENTURO, de Grace Passô

AMORES SURDOS, de Grace Passô

CONGRESSO INTERNACIONAL DO MEDO, de Grace Passô

IN ON IT | A PRIMEIRA VISTA, de Daniel MacIvor

INCÊNDIOS, de Wajdi Mouawad

CINE MONSTRO, de Daniel MacIvor

CONSELHO DE CLASSE, de Jô Bilac

CARA DE CAVALO, de Pedro Kosovski

GARRAS CURVAS E UM CANTO SEDUTOR, de Daniele Avila Small

OS MAMUTES, de Jô Bilac

INFÂNCIA, TIROS E PLUMAS, de Jô Bilac

NEM MESMO TODO O OCEANO, adaptação de Inez Viana do romance de Alcione Araújo

NÔMADES, de Marcio Abreu e Patrick Pessoa

CARANGUEJO OVERDRIVE, de Pedro Kosovski

BR-TRANS, de Silvero Pereira

KRUM, de Hanoch Levin

MARÉ/PROJETO bRASIL, de Marcio Abreu

AS PALAVRAS E AS COISAS, de Pedro Brício

MATA TEU PAI, de Grace Passô

ÃRRÃ, de Vinicius Calderoni

JANIS, de Diogo Liberano

NÃO NEM NADA, de Vinicius Calderoni

CHORUME, de Vinicius Calderoni

GUANABARA CANIBAL, de Pedro Kosovski

TOM NA FAZENDA, de Michel Marc Bouchard

OS ARQUEÓLOGOS, de Vinicius Calderoni

ROSE, de Cecilia Ripoll

ESCUTA!, de Francisco Ohana

A PAZ PERPÉTUA, de Juan Mayorga
Tradução Aderbal Freire-Filho

APRÈS MOI, LE DÉLUGE (DEPOIS DE MIM, O DILÚVIO),
de Lluïsa Cunillé
Tradução Marcio Meirelles

ATRA BÍLIS, de Laila Ripoll
Tradução Hugo Rodas

CACHORRO MORTO NA LAVANDERIA: OS FORTES, de Angélica Liddell
Tradução Beatriz Sayad

DENTRO DA TERRA, de José Manuel Mora
Tradução Roberto Alvim

MÜNCHAUSEN, de Lucía Vilanova
Tradução Pedro Brício

NN12, de Gracia Morales
Tradução Gilberto Gawronski

O PRINCÍPIO DE ARQUIMEDES, de Josep Maria Miró i Coromina
Tradução Luís Artur Nunes

OS CORPOS PERDIDOS, de José Manuel Mora
Tradução Cibele Forjaz

CLIFF (PRECIPÍCIO), de Alberto Conejero López
Tradução Fernando Yamamoto

2018

1ª impressão

Este livro foi composto em Univers.
Impresso pelo Grupo SmartPrinter
sobre papel Polen Bold LD 70g/m².